Papel certificado por el Forest Stewardship Council®

Primera edición: marzo de 2025
© 2025, Pablo Díez Fernández, por el texto y las ilustraciones
© 2025, Penguin Random House Grupo Editorial, S. A. U.
Travessera de Gràcia, 47-49. 08021 Barcelona
Color: Pablo Díez y Verónica Alcalde

Penguin Random House Grupo Editorial apoya la protección de la propiedad intelectual. La propiedad intelectual estimula la creatividad, defiende la diversidad en el ámbito de las ideas y el conocimiento, promueve la libre expresión y favorece una cultura viva. Gracias por comprar una edición autorizada de este libro y por respetar las leyes de propiedad intelectual al no reproducir ni distribuir ninguna parte de esta obra por ningún medio sin permiso. Al hacerlo está respaldando a los autores y permitiendo que PRHGE continúe publicando libros para todos los lectores. De conformidad con lo dispuesto en el artículo 67.3 del Real Decreto Ley 24/2021, de 2 de noviembre, PRHGE se reserva expresamente los derechos de reproducción y de uso de esta obra y de todos sus elementos mediante medios de lectura mecánica y otros medios adecuados a tal fin. Diríjase a CEDRO (Centro Español de Derechos Reprográficos, http://www.cedro.org) si necesita reproducir algún fragmento de esta obra.
En caso de necesidad, contacte con: seguridadproductos@penguinrandomhouse.com

Printed in Spain – Impreso en España

ISBN: 978-84-10190-24-5
Depósito legal: B-741-2025

Compuesto en MMMM Studio / Gemma Terol
Impreso en Gráficas 94, S.L.
Sant Quirze del Vallès (Barcelona)

AL 9 0 2 4 5

PABLO DÍEZ FERNÁNDEZ

EN MEDIO DEL MEDIEVO

UNA ÉPOCA PARA MORIRSE

Alfaguara

Queridos lectores,

Si estas antiguas y agrietadas páginas han conseguido llegar intactas hasta vuestra época…

Será un milagro, porque ya estaban hechas un asco cuando las compré. Están roídas, chamuscadas, huelen a culo… ¡y encima me han salido carísimas! Pero bueno, es lo que hay, no es tan fácil encontrar una papelería en condiciones en la Edad Media.

En mi época, no está de moda escribir en papel, sino en pergamino… ¡y se hace con trocitos de piel de animalicos! En concreto, de vaca, cordero o ternera. Luego el cuero se remoja en cal, se estira… y, por último, se frota por ambos lados con una roca volcánica que se llama «piedra pómez». Un lío, vamos. No veas la que hay que montar para escribir un libro como este.

Vosotros lo tenéis más fácil …, y no me refiero solo a encontrar artículos de papelería, sino todo en general. Así que, precisamente por eso, ¡me he propuesto escribiros este libro! Para relataros cómo era la vida **EN MEDIO DEL MEDIEVO**… y para que os deis cuenta de la suerte que tenéis de vivir en vuestro siglo, ¡quejicas!

Antes que nada, me presento, que soy un señor medieval pero no por ello un maleducado: **¡MI NOMBRE ES FIMBAR GUNNERSON!** Soy un abuelete, pero estoy estupendo para mi edad.

No quiero presumir, pero ¡tengo una vida muy ajetreada! Durante el día, trabajo en un monasterio como copista, en mis ratos libres soy hechicero amateur y, por si eso fuera poco… **¡TAMBIÉN SOY EL PRIMER INFLUENCER DE LA HISTORIA!**

Sí, como lo oís. Soy influencer y vivo en la Edad Media. Suena raro, pero es cierto, lo juro. La historia de cómo empecé a grabar vídeos para redes sociales desde mi época es un poco larga y tampoco quiero aburriros demasiado en la segunda página del libro, así que, muy en resumidas cuentas…

Hace unos años me encontré un objeto mágico muy poderoso. Era un fragmento de una gema preciosa que refulgía y tenía una energía muy especial, pero se me cayó dentro de un pozo. Soy muy torpe, ya lo sé.

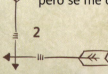

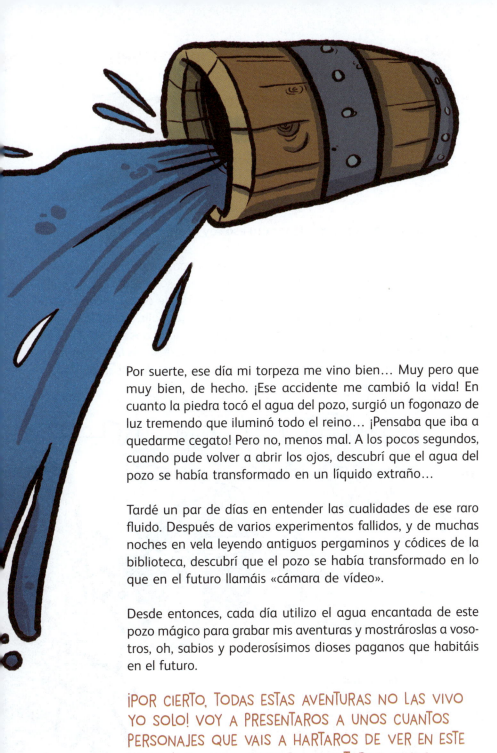

Por suerte, ese día mi torpeza me vino bien… Muy pero que muy bien, de hecho. ¡Ese accidente me cambió la vida! En cuanto la piedra tocó el agua del pozo, surgió un fogonazo de luz tremendo que iluminó todo el reino… ¡Pensaba que iba a quedarme cegato! Pero no, menos mal. A los pocos segundos, cuando pude volver a abrir los ojos, descubrí que el agua del pozo se había transformado en un líquido extraño…

Tardé un par de días en entender las cualidades de ese raro fluido. Después de varios experimentos fallidos, y de muchas noches en vela leyendo antiguos pergaminos y códices de la biblioteca, descubrí que el pozo se había transformado en lo que en el futuro llamáis «cámara de vídeo».

Desde entonces, cada día utilizo el agua encantada de este pozo mágico para grabar mis aventuras y mostrároslas a vosotros, oh, sabios y poderosísimos dioses paganos que habitáis en el futuro.

¡POR CIERTO, TODAS ESTAS AVENTURAS NO LAS VIVO YO SOLO! VOY A PRESENTAROS A UNOS CUANTOS PERSONAJES QUE VAIS A HARTAROS DE VER EN ESTE LIBRO. ¡ME VAN A AYUDAR A CONTAROS COSAS DE LA EDAD MEDIA!

FIMBAR
BRUJO PLURIEMPLEADO

¡Empezaremos por mí! ¡Que para eso soy el protagonista!

Como os dije en el pergamino anterior, mi nombre es Fimbar Gunnerson y vivo en una cuevecita muy estrecha que sobresale de la muralla del reino. Digamos que mi casa es una salida de emergencia... ¡Esto tiene muchas ventajas! Por un lado, si tengo que salir corriendo porque me he quedado sin hierbajos para la sopa, llego al bosque en seguida, **PEEERO** probablemente sería el primero en morir si nos asalta un reino invasor. En fin, cositas. Es lo que hay, supongo. La vida es complicada, lo asumo con deportividad.

Me aficioné a la magia desde muy chiquitito. Lo que pasa es que no se me da del todo bien. No sé cómo será en vuestro reino, pero en el mío, la magia no se ve con buenos ojos. Si te pillan haciendo un truco de magia, aunque sea a tus padres, al calabozo

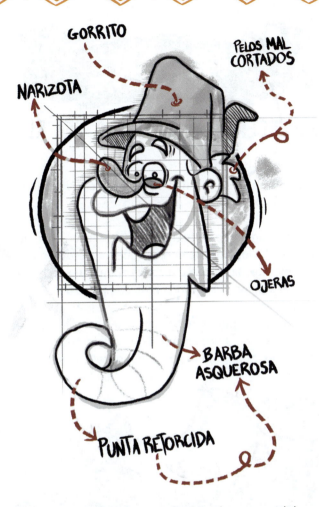

que vas. Así que, en definitiva, me toca aprender a escondidas en las reuniones que hacemos mi grupito de brujos amateurs y yo en el bosque.

Por lo demás, ¡diría que soy un viejete muy enrollado! Trabajo como copista en el *scriptorium* del monasterio. Por si no os habéis sacado el B2 de latín, *scriptorium* significa «sitio para escribir». Es literalmente eso: un sitio dentro del monasterio donde los escribas y copistas escribimos y dibujamos cosas. Es decir, me paso el día encerrado y sin apenas ver la luz del sol. Soy como un mangaka de la Edad Media, solo que dibujo frailes regordetes en vez de a Goku.

Además de todo eso, ¡soy abuelo! Ahora en un rato os presento a mi nieta. Es más maja que las monedas de cobre.

DEAN

ADOLESCENTE Y HEREDERA DEL REINO

¡He aquí a mi nieta! ¡Dean Gunnerson! ¡Heredera del reino y adolescente enfadada con la vida!

Dean nació de la unión de mi hija Yena con un jovenzuelo apuesto del pueblo, pero la relación no funcionó. Así que mi nieta, como buena hija de padres separados, se pasa el día con el abuelo (es decir, conmigo, je, je). Gracias a eso, se ha convertido en mi compañera de aventuras. Somos un dúo perfecto. Yo tengo que cuidarla y ella tiene que ayudarme en tooodas las locuras que se me ocurran: desde grabar vídeos y hacer streaming a través de mi pozo mágico hasta colarnos en la caverna de una araña gigante para robarle un buen montoncito de telarañas.

He pasado un poco por encima del título de «heredera al trono» y seguro que algunos ya habéis levantado la ceja. Paciencia, os cuento. Si os estáis preguntando cómo es que Dean se pasa el día dando vueltas por ahí con su abuelo siendo una princesa, la respuesta es muy sencilla: no es una princesa… clásica. Como os conté, mi hija Yena la tuvo antes de casarse con el rey (os acabo de hacer *spoiler* de la siguiente página, *sorry*). Así que la niña nació fuera del matrimonio y, en mi época, eso no está del todo bien visto. Los hijos nacidos fuera del matrimonio se llaman «hijos bastardos». POR LO TANTO, técnicamente… ¡tengo una nieta bastarda! ¡Como en *Juego de Tronos*!

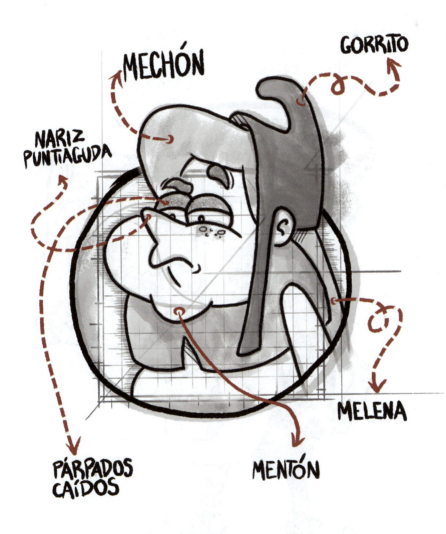

YENA

REINA Y SEÑORA FEUDAL

Esta es mi hija, ¡la reina Yena Gunnerson! Accedió al trono de manera poco ortodoxa… Básicamente, el rey Radulf II se enamoró hasta las trancas de su inteligencia, astucia y belleza, así que se casó con ella.

Yena es una reina estupenda. Es un poco agonías la muchacha, pero ¡su trabajo lo hace a las mil maravillas! Gestiona muy bien las relaciones con los señores feudales, los impuestos, las negociaciones con los reinos vecinos para que no se enfaden y nos invadan… Lo hace todo a la perfección, vamos. Es un orgullo de hija. Lo que pasa es que la pobre no da abasto. Desde que el rey Radulf desapareció, le toca hacerlo todo a ella. Vete a saber dónde estará el pobre señor… ¡Si alguien lo ve, que me mande una paloma mensajera, por favor!

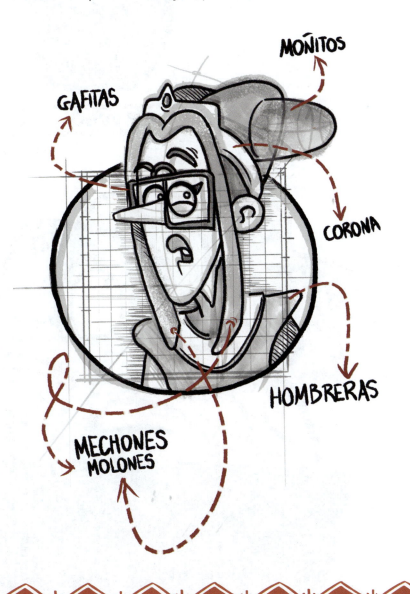

¡Y ya estamos todos! Ahora que me conocéis un poquito mejor a mí y a los habitantes de mi alocado reino medieval, entremos en faena. ¡Vamos a hablar de la vida **EN MEDIO DEL MEDIEVO**! Pero ojo, lo haremos usando lenguaje de redes sociales, que soy influencer, no historiador.

LA 'DAILY ROUTINE' DE UN LEPROSO

(Y LAS ENFERMEDADES DE LA EDAD MEDIA)

¡¡OS PRESENTO A PEPE!!

El pobre tiene lepra, una enfermedad muy antigua que en vuestra época apenas existe ya, pero en la mía sí… ¡Y estamos a tope de contagios! Además, como todavía no sabemos curarla, nos da un miedo terrible. Por eso, en cuanto Pepe pilló la lepra, lo apartaron de la sociedad y se decretó que no volvería a vivir con el resto de las personas sanas hasta el día de su muerte… Pero es muy majete el chiquillo, hay que quererle.

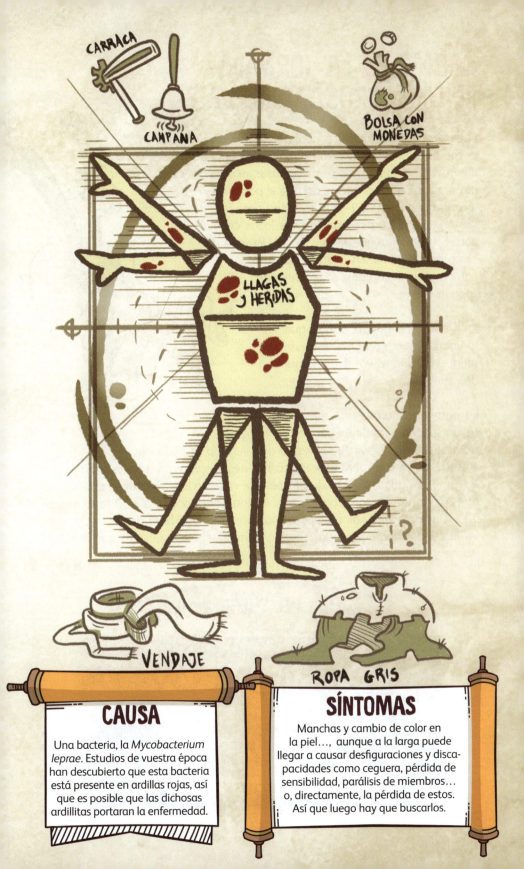

¿CÓMO ES LA JORNADA DE UN LEPROSO MEDIEVAL?

Pues arranca exactamente igual que la mía o la vuestra: despertándose. Pepe se levanta prontito. En la Edad Media no marcamos la hora como vosotros, ni nos ponemos alarmas para despertarnos, así que el pobre no puede levantarse a las 05:00 de la mañana para ir al gimnasio y hacer burpees como esos locos cachas con el pelo teñido que veis en TikTok. Pepe es un chico más sencillo. En cuanto suena la campana de la catedral, se levanta con toda la calma.

AUNQUE..., tengo que aclarar que, en la Edad Media, no dormimos exactamente igual que vosotros. ¡Sino en dos tandas!

La primera tanda es una especie de siesta, un sueño ligero de un par de horillas que dura desde que se va la luz hasta que llega la medianoche. Después de esta primera cabezadita, nos despertamos para hacer recados que hayamos dejado a medias durante el día: vigilar a los animalillos, charlar con nuestros amigos y familiares, ir a la letrina para hacer pipí… O terminar los ejercicios del *workbook* medieval. Más o menos una hora después, cerca de la una de la madrugada, volvemos a dormir, esta vez sí, hasta que acaba la noche y sale el sol.

ESQUEMA DEL SUEÑO MEDIEVAL

PRIMER SUEÑO — SEGUNDO SUEÑO

((despertar un ratito))

Pepe vive en una «leprosería», una especie de hospital de internamiento apartado de la ciudad (pero no muy lejos tampoco, no os flipéis) para que los enfermos no se mezclen con la gente sana. Sí, ya lo sé. Suena muy cruel, pero es lo que hay. Como os he dicho, la lepra da mucha cosilla en la Edad Media porque no sabemos curarla, así que, en cuanto alguien tiene cosillas raras en la piel, a la leprosería que va. Esta técnica no es infalible y a veces mandamos a alguien sano a quien solo le han salido granitos… **¡PERO BUENO, MEJOR PREVENIR QUE CURAR!**

El caso es que, en cuanto un leproso es diagnosticado, lo llevamos a la iglesia para que se confiese y le montamos una «misa de difuntos», como si el pobre muchacho se hubiera muerto directamente y nos despidiéramos de él.

A partir de ese momento, se le considera «muerto para el mundo» y se le manda a la leprosería más cercana para que haga su vida ahí. Es una doble condena: estás enfermo de por vida… y encima te toca hacer una mudanza.

Pero bueno, no os penséis que Pepe lo pasa muy mal en la leprosería, ¿eh? No es mal sitio. Ahí lo atienden, lo cuidan bien, tiene su huertecito, su iglesia privada, sus baños… ¡Vamos, que a lo tonto tiene más cosas que yo! ¡Igual me interesa pillar lepra y todo!

¡LO TENGO TODO, PAPI!

¡MENOS SALUD!

Sigamos con la jornada de Pepe. Después de atender su huerto y de gestionar los líos que tengan pendientes en la leprosería, coge su traje gris reglamentario, su campanita y su carraca o sus tablitas de madera y se va a mendigar a la ciudad (ya os dije que tampoco queda muy lejos).

Por cierto, no hace falta aclararlo, pero las campanas y las carracas no son para tocar música. Pepe no tiene una *boy band*, aunque seguro que lo petaría… Estos instrumentos son para avisar de que llegan, para hacerlos sonar y que la gente, al escucharlos de lejos, sepa que se acerca un leproso.

Lo que pasa es que la enfermedad de Pepe no se recibe exactamente igual en todo el medievo, así que cuando agita su campanita para alertar de su llegada, pueden escucharlo dos tipos de individuos.

Los primeros piensan que los leprosos son personas horribles, dignas de ser quemadas en la hoguera o peor, canceladas en Twitter. Piensan que son tan mala gente que Dios bajó del cielo y los castigó con la enfermedad… Mientras que el segundo tipo de personas piensa justo lo contrario: que Dios quiere mogollón a los leprosos y por eso les hace sufrir con esta enfermedad, para que su existencia sea tan extremadamente dolorosa que les convalide el purgatorio. Así, en cuanto mueren, van directos al cielo. En cualquier caso, como veis, para estos dos grupos el culpable del mal de Pepe es Dios.

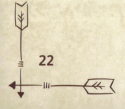

En resumidas cuentas, a veces el pobre Pepe agita la campanita y los que la escuchan salen corriendo temiendo que les contagie… Y, otras veces, tiene más suerte y se le acercan personas majísimas para darle unas moneditas… Y, ya que están, para pedirle que rece por sus almas a ver si ellos también suben al cielo rapidito igual que él. Aun así, tampoco os creáis que se le acercan demasiado. Dejan el dinero en el suelo o en una cesta para que Pepe pueda recogerlo sin tocarles la mano. Que la lepra les mola mucho, pero no les viene bien pillarla. Por lo que sea.

Después de una dura jornada mendigando de aquí para allá, Pepe se vuelve a su leprosería, contento por el trabajo bien hecho. Una vez allí, descansará y recibirá un tratamiento intensivo de sanguijuelas…, pero no adelantemos acontecimientos. Ya hablaremos de la medicina medieval en otro capítulo y no os lo quiero destripar. **¡SIGAMOS HABLANDO DE ENFERMEDADES! ¡QUE EN LA EDAD MEDIA NO SOLO EXISTÍA LA LEPRA! ¡HABÍA MUCHAS MÁS!**

OTRAS ENFERMEDADES:
EL ESCORBUTO

El **ESCORBUTO** era una enfermedad que, sobre todo, sufrían los marineros… Así que, por si acaso, yo no voy a arrimarme demasiado a los barcos del puerto, no vaya a ser.

Lo provoca una falta de alimentación en condiciones, sobre todo cuando no tomamos suficiente vitamina C. Por eso afecta tanto a los marineros, porque en el barco tampoco hay mucha comida donde elegir y la dieta es regulera. ¡Sin embargo, los que habitamos en tierra firme también tenemos que tener cuidado! Sobre todo, en los meses de invierno, cuando hay menos facilidades para encontrar verdurillas y frutas variadas… **¡ASÍ QUE YA SABÉIS, NIÑOS! ¡COMED SANO O PILLARÉIS ESCORBUTO!**

Es una enfermedad antigüilla, los primeros casos que conozco son de la época de las Cruzadas, PEEERO, al contrario que la lepra, el escorbuto no irá desapareciendo después del Medievo, sino que irá a más. En la Edad Moderna, se pondrá de moda eso de viajar en barco en busca de rutas marítimas para comerciar, así que el escorbuto se va a poner fino con los marineros de todo el mundo.

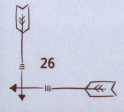

EL FUEGO DE SAN ANTÓN

El **FUEGO DE SAN ANTÓN** (o de San Antonio, depende de dónde lo leas) no es el nombre de un incendio. Nadie prendió fuego a un señor llamado «San Antón» (al menos que yo sepa).

Esta enfermedad se llama así porque quienes la sufren sienten un ardor tremendo por dentro, como si se estuviesen quemando por dentro hasta volverse totalmente locos por la agonía y el dolor. No suena muy agradable, ¿a que no? Pues esperad, que la cosa empeora. Esta sensación de fuego interno viene acompañada de gangrena. Cuando pillas esta enfermedad, los miembros se te mueren, se pudren y se caen. Planazo para un viernes por la tarde.

Como la vida es injusta de narices, esta enfermedad solo suele afectar a los pobres. La provoca un hongo llamado «cornezuelo» que suele salir en el centeno después de veranos muy lluviosos. Igual no os suena mucho, pero es un cereal, como el trigo o la cebada, y la gente de a pie de la Edad Media, los que no somos ricos, lo utilizamos para hacer pan. Así que, si tienes mala suerte y comes pan contaminado, igual te llevas un fueguito de San Antón de propina.

Para curarse, en vez de ir a una leprosería, los enfermos son atendidos en hospitales fundados por la Orden de San Antonio. De ahí el nombre de la enfermedad, por cierto: «fuego de… San Antón».

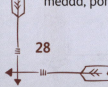

SUDOR DEL INGLÉS

El **SUDOR DEL INGLÉS** tiene un nombre gracioso, pero no se refiere al sobaco sudado de un guiri que viene a veranear a la playa… Se refiere a una enfermedad que surgió en Reino Unido **JUUUSTO JUSTO** al final de la Edad Media. Por poco no la puedo meter en el libro.

Como su propio nombre indica, la enfermedad provoca fiebre y mucho sudor. Por suerte, no te convierte en inglés, sino que te mata… lo cual es relativamente mejor.

Las distintas oleadas del sudor del inglés son muy difíciles de prevenir porque aparecen en lugares aleatorios y pueden afectar tanto a ricos como pobres. Por esta razón, se cuenta que el rey Enrique VIII de Inglaterra, durante un tiempo, intentó evitarla durmiendo cada día en un sitio distinto. Lo que tiene ser monarca es que puedes dormir donde quieras. Yo solo puedo acostarme en mi cama o en el suelo.

POR CIERTO, al contrario que el resto de enfermedades de las que hemos hablado hasta ahora, una versión más suavecita del sudor del inglés aún está latente en vuestra época, aunque vosotros la conocéis por otro nombre… Redoble de tambores, por favor… y ese nombre es… ¡la gripe! Sí, has leído bien. Lo que tú tienes un par de veces al año y te sirve para saltarte el examen de Matemáticas, en la Edad Media mató a muchísima gente. Ahora ya no da tanta pereza lo de vacunarse, ¿eh?

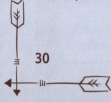

LA PESTE NEGRA

La **PESTE NEGRA** es el *final boss* de las enfermedades medievales. Poca broma, se ha llevado a mucha gente por delante. Concretamente a más de un tercio de los habitantes de Europa, se dice pronto.

Existen sobre todo dos versiones de la peste negra: puede ser **BUBÓNICA** (la llamamos así porque a los enfermos les salen «bubones», bultos muy dolorosos en el sobaco, las ingles o el cuello) o **NEUMÓNICA** (que produce manchas negras por el cuerpo). Pero bueno, no importa demasiado qué tipo de peste negra tengas. Pilles la que pilles, lo más probable es que en un par de días acabes en el cementerio.

La peste negra la transmite una pulga que muerde e infecta a las ratas negras. Estas, a pesar de su nombre, por cierto, no siempre son negras, pueden tener otros colores y, además, son aseaditas porque prefieren vivir en los techos de los edificios antes que en las cloacas (normal, también te digo). Pero todo esto da igual, en cuanto pillan la dichosa pulga, las ratas, que no tienen culpa de nada, desperdigan la peste desatando la muerte y la destrucción a su paso… Lo hacen durante años, hasta que llega a Europa una nueva variedad de rata, la rata gris, que las aniquilará y pondrá fin a la peste negra. Pobrecicas las ratas, me han dado pena: ¡F en el chat por las ratas!

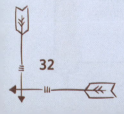

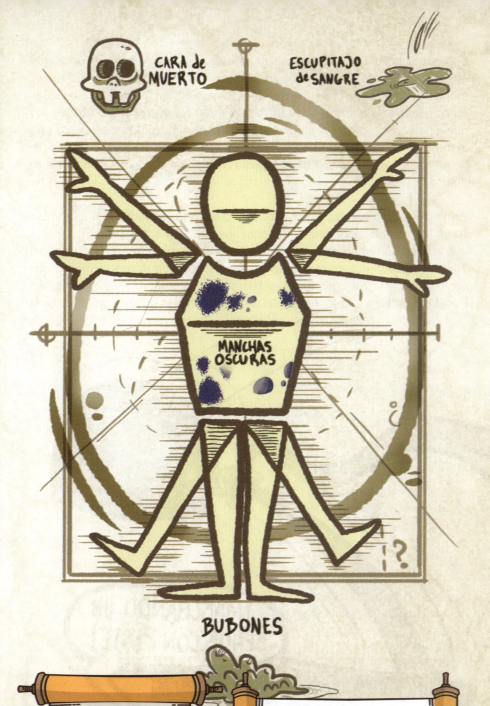

Se dice que la epidemia de peste negra medieval arranca a partir de un asedio en la península de Crimea. Os cuento la movida. En 1346, el ejército de los mongoles decide que la ciudad de Caffa es muy bonita y que quiere conquistarla..., pero los habitantes de Caffa les plantan cara y resisten el ataque. Así que, aprovechando que algunos de sus soldados han caído muertos por una extraña enfermedad, los mongoles deciden cargarlos en catapultas y lanzarlos dentro de las murallas de Caffa... y así contagian a toda la peñita que está dentro.

Pero esto es solo una teoría. En realidad, la historia es muuucho más complicada. Los científicos de vuestra época, que son muy listos, han descubierto que la bacteria de la peste negra aparece por primera vez en las marmotas del Tíbet. Antiguamente, los mongoles comían a estas marmotas y usaban su piel como abrigo, así que cuando sus ejércitos y sus cargamentos de grano llegan hasta el Mar Negro, también se llevan a las dichosas pulgas con la bacteria

¡MARCHANDO UN SEÑOR CON PESTE!

como *souvenir*. Las pulgas infectadas viajan en ratones, ratas… e incluso en el grano de los comerciantes. Así que, poco a poco, cuando los barcos mercantes llenos de cereal van desembarcando en los puertos europeos, la peste empieza a contagiarse y no hay manera de parar el desastre… Pero bueno, que lo de la catapulta es más divertido, para qué nos vamos a engañar.

¡OJO Y NO HAY UN SOLO TIPO DE PESTE!

Las tenemos de todos los tipos, tamaños y colores. Elige tu favorita y te la envuelvo para regalo.

Por un lado, tenemos la **PESTE BLANCA** (o tuberculosis). No os dejéis engañar por el nombre, esta también se las trae. Provoca un adelgazamiento superagresivo, como el de las liposucciones de los famosos de Hollywood, pero también fiebre, piel enrojecida… y una tos tremenda que te hace escupir hasta sangre. Pero bueno, supongo que al menos es adelgazante… Yo qué sé, intento buscarle un punto positivo al asunto, dejad de mirarme mal.

También tenemos la **PESTE DE JUSTINIANO**. Esta es la primerita peste de todas, la primera epidemia de peste en Europa. Llega, como la negra, con nuestras amigas las ratas negras y provocaba ahogos, fiebre, hemorragias y, ojo cuidado, vómitos y diarrea. Vamos, que si pillas esta peste te conviertes en una fuente por arriba y por abajo.

Por último y no por ello menos importante, también existe otra peste… **¡LA PESTE GRANATE!** Desconocida en tooodos los libros de historia porque apenas se propagó. Solo causa víctimas en mi reino: Viejuna. Ya es mala suerte. Podía caer en cualquier reino y justo toca en el mío, qué mala pata. Es una enfermedad rarísima, apenas conocemos nada de ella. Solo sabemos que, en cuanto la pillas, desapareces y no queda ni rastro de ti. Casi parece un conjuro mágico o una maldición… Da mal rollito.

TOP 5
TRUQUITOS MEDICINALES

¡WOOOOOOOOOW! ¡CINCO COSAS QUE NO SABÍAS SOBRE LAS ENFERMEDADES DE LA EDAD MEDIA! ¡LA NÚMERO 48 TE SORPRENDERÁ! HAZ CLIC AQUÍ PARA LEERLAS TODAS.

En la Edad Media, también tenemos nuestros truquillos de medicina. Son más rarillos y extraños que los vuestros, pero oye, nos hacen el apaño. Así que, como acabamos de hablar de enfermedades, vamos a charlar un poco sobre medicina medieval para quitarnos el mal cuerpo.

> **ADVERTENCIA:** Estos truquis medievales son eso: truquis medievales. No intentéis hacerlos en casa sin la supervisión de un adulto, a ver si os sacáis un ojo en vez de curaros el resfriado.

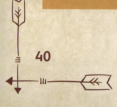

DATO N.º 1:
INFLUENCERS MEDICINALES

Vamos a hablar de cuatro muchachotes: Hipócrates, Galeno, Al-Razi y Avicena. Menudos nombrecitos tienen, ¿eh? Pues aquí donde los veis son importantísimos en mi época.

Veréis, como en la Edad Media aún no se tienen los conocimientos científicos que sí existen en vuestra época, cuando nos ponemos malos, los curanderos nos atienden un poco a lo loco. Así que, para orientarse y no hacernos una escabechina, utilizan como guía para curarnos las teorías médicas de estos cuatro pillines.

Para que nos entendamos, Hipócrates, Galeno, Al-Razi y Avicena son algo así como el jurado de *Master Chef*…, pero de medicina.

HIPÓCRATES

Hipócrates es un señor griego que vive en la Antigua Grecia, muchos años antes de la Edad Media. Sin embargo, sus conocimientos y teorías médicas siguen utilizándose en mi época, como si el tío estuviese vivito y coleando.

Hipócrates pertenece a una escuela de medicina llamada escuela de Cos (o eso dicen, vete a saber. Yo no estaba vivo en la Antigua Grecia). Esta escuela es la pionera, la primerita que se pone en marcha… y, por tanto, sus conocimientos están muy limitados en muchas áreas. Por ejemplo, de anatomía no saben casi nada, no tienen ni idea de dónde están muchos órganos ni qué se supone que hacen… Así que, para Hipócrates, como esto de la anatomía no es tan importante, se centra en estudiar unos líquidos extraños que llama **«HUMORES»** y que, según él, fluyen por el cuerpo provocando tanto la salud como la enfermedad. En las siguientes hojas, os cuento mejor de qué va esto de los humores, que tiene su miga.

GALENO

Igual que Hipócrates, Galeno vive mucho tiempo antes de la Edad Media, **AUNQUE** él en la Antigua Roma y, además, pertenece a otra escuela de medicina: la escuela de Cnido. **Y NO, NO SE LLAMABA ASÍ PORQUE ESTUDIASEN EN EL NIDO DE UNA CIGÜEÑA, QUE OS VEO VENIR.**

Galeno es un empollón. Este señor aprende medicina en Grecia y en Alejandría y, al contrario que Hipócrates, estudia mucho sobre anatomía. De hecho, para que veáis lo bueno que es, trabaja cuatro años como médico de gladiadores… ¡y **SOLO** se le mueren cinco! ¡Vivaaa! ¡Un aplauso para Galeno! No está nada mal cinco muertes en cuatro años. No pongáis caras raras, que a Hipócrates se le mueren 60.

Además, Galeno profundiza en este tema de los humores que tanto le interesa a Hipócrates y señala que cada uno de estos líquidos tiene relación con un temperamento o con una forma de ser. Por ejemplo, si tienes mucha cantidad de un líquido, eres una persona majísima, atenta y agradable y, si tienes mucha cantidad de otro…, eres fan del Xokas.

Aunque tampoco os creáis que Galeno no tiene fallos. El tío escribe muchos libros recomendando tratar lesiones y enfermedades con pis y caca. Sí, como lo oís. Pis y caca, de humanos o animales. Ya no parece tan listo el Galeno este, ¿eh?

AL-RAZI

Al-Razi y Avicena sí que son de mi época, la Edad Media. Los dos son médicos musulmanes, pero sus conocimientos llegan a Europa y se ponen super de moda. Vamos primero con Al-Razi.

Este buen hombre es un tipo majísimo. Trata a gente de todas las clases sociales, da igual que sean ricos o pobres... **ADEMÁS**, es un gran investigador médico. Gracias a él empiezan a diferenciarse dos enfermedades que hasta entonces parecen la misma: la viruela y el sarampión. Como ya os conté en el capítulo anterior, muchas veces en mi época confundimos estas afecciones con la lepra.

Vamos, que es un tío estupendo **PEEEEEERO**... no le hace mucha gracia la idea de los humores de Hipócrates y Galeno. De hecho, escribe un libro que se llamaba: *Dudas sobre Galeno*. Esto, para que nos entendamos, es como cuando Dalas Review hace un vídeo exponiendo a otro YouTuber para cancelarlo en X (antes Twitter).

AVICENA

Avicena es un filósofo y médico persa muy importante. En realidad, se llama Ibn Sina (que significa «hijo de Sina») peeero, no me preguntéis por qué, al traducir sus trabajos al latín y hablar de él en nuestra región lo llamamos Avicena y con ese nombre se ha quedado el muchacho.

Avicena coge todos los conocimientos médicos que tiene a su disposición (de la medicina islámica, la grecorromana, la china, la persa y la india) y, después, con toda esa información, escribe una enciclopedia. Es muy aplicado el chiquillo. Esta enciclopedia se titula *El Canon*. Son cinco tochacos de hojas que contienen datos y consejos medicinales que seguirán utilizando doctores de todo el mundo muchos siglos después de que termine la Edad Media. Ahí habla de todo: de anatomía, de diagnósticos, de enfermedades y, como no podía ser de otra manera, de **LOS FAMOSOS HUMORES DE HIPÓCRATES.**

Como veis, a Avicena le flipa escribir. Ha escrito un montonazo de textos científicos, de filosofía y medicina… Y, por si esto fuera poco, en su tiempo libre también escribe poesía.

En fin. Que eres muy majo y muy listo, Avicena…

¡PERO A VER SI DEJAS DE ESCRIBIR TANTO Y ATIENDES A TUS PACIENTES, QUE TIENES UNA SEÑORA ESPERANDO EN LA SALITA DESDE HACE UNA HORA!

DATO N.º 2:
LOS CUATRO HUMORES

Como os he contado hace un rato, los médicos de la antigüedad piensan que nuestro cuerpo está lleno de cuatro líquidos distintos que, según ellos, son los culpables de que estés sano o enfermo. Estos líquidos (a los que llamaron «humores») son: **LA SANGRE, LA BILIS AMARILLA, LA BILIS NEGRA Y LA FLEMA.**

Supuestamente, el secreto para estar saludable es que todos estos liquidillos estén equilibrados. Así que, si de pronto empiezas a tener demasiada cantidad de uno de estos líquidos o muy poquita…, caes enfermo. ¿Y qué puede causar ese desequilibrio entre los humores? Pues… prácticamente cualquier cosa. Desde el aire y la comida, hasta el mismísimo Dios. Es común pensar que, si se te han desnivelado los humores, algún pecado habrás cometido y Dios te ha trastocado los liquidillos para darte una lección.

Cada uno de estos fluidos está producido por un órgano del cuerpo… y, además, está asociado a uno de los cuatro elementos.

SANGRE

La sangre en teoría la genera **EL CORAZÓN** (o la cabeza, depende de qué tochaco viejuno leas) y está relacionada con **EL ELEMENTO DEL AIRE** y con la estación de la **PRIMAVERA.**

Se dice que, si tienes más de sangre que de otros humores, tu personalidad es muy intensa y agradable, ¡como la mía! ¡Que soy un viejito encantador y siempre soy el alma de la fiesta! ¡Wiii, tengo mucha sangre!

FLEMA

La flema la produce **EL CEREBRO** (aunque para otros proviene de los pulmones) y está asociada con **EL ELEMENTO DEL AGUA** y con el **INVIERNO.**

Si tienes demasiada flema, aparte de tener que sonarte los mocos, probablemente tendrás una personalidad tranquila y pasota, como si nada fuera contigo… ¡Igual que mi nieta Dean! Que está en plena adolescencia y está más sosa la chiquilla…

BILIS AMARILLA

La bilis amarilla está producida por el **HÍGADO** y está relacionada con el **FUEGO** y con la estación del **VERANO**.

Tener mucha bilis amarilla te convierte en una persona irritable y enfadica… ¡como mi hija Yena!

BILIS NEGRA

La bilis negra la fabrica el **BAZO** y está relacionada con la **TIERRA** y con la estación del **OTOÑO**.

Tener mucha bilis negra te convierte en una persona pesimista y tristona… ¡como mi cuñado, el bardo Greck! ¡Que es un músico muy intenso y cenizo!

¿Y qué hacen los médicos de la Edad Media para equilibrar estos cuatro humores? ¿Cómo se consigue que vivan en paz y armonía para que tu cuerpecito serrano esté saludable? Pues… pasa la hoja y lo descubrirás. Que en esta no queda espacio.

DATO N.º 3:
SANGUIJUELAS

Las sanguijuelas son unos bichejos asquerosillos. Se parecen a los gusanos, pero son un poco más regordetas y, **OJO**, casi todas son «hematófagas». Vamos, que se alimentan de sangre… ¡Son como vampiros atrapados en un cuerpo viscoso y chiquitín!

Por eso, los médicos medievales suelen utilizarlas para sacarles pequeñas dosis de sangre a los enfermos y así equilibrar los humores. Según ellos, si sacamos parte del líquido que tenemos en el cuerpo con estos bichitos, los humores se equilibran y el enfermo se curará.

AUNQUE, llamadme escéptico, pero hay una cosa que no entiendo. Si supuestamente tienes mucha bilis negra o mucha flema en el cuerpo y el doctor te calza una sanguijuela para purgarte el exceso del líquido… ¿cómo es que no se da cuenta de que lo único que sale de las venas es sangre?

¡JO! ¡SANGRE OTRA VEZ!

NO, NO. ESO ES BILIS HACIENDO COSPLAY

Para asegurarse de que las sanguijuelas chupan la sangre del enfermo al colocárselas en el brazo y no se ponen a jugar al parchís, se les deja sin comer durante un día. Así, las pobrecicas están sedientas y, en cuanto se te echan encima, te arrean un buen mordisco.

Por supuesto, las sanguijuelas no son las únicas técnicas que se usan en mi época para equilibrar los humores. También se recurre a la dieta o a alguna medicina… o a sacar la sangre de manera manual, sin sanguijuelas, a navajazo puro.

Para asegurarse de que esta maravillosa técnica arregla al enfermo en lugar de estropearlo más, los curanderos se inventan calendarios para chivarte qué días de la semana o del mes es mejor que te saquen sangre. Esto depende de la fase lunar, de las estaciones o, incluso, de los santos. Por ejemplo, hoy es San Fimbar, un día horrible para sacarte sangre. Vuelve a casa y guarda las sanguijuelas.

Ojo, ¿y quiénes hacen estos sangrados? Pueees, ¡pasa la página!

DATO N.º 4:
PELUQUEROS PLURIEMPLEADOS

¡Sí, los peluqueros! Seguro que os imaginabais a los médicos medievales con un gorro y una máscara de pájaro. ¡Pero no! ¡Eso es un mito! ¡Las máscaras de pájaro no son de la Edad Media, sino de muchos siglos después!

Volvamos a los médicos. A pesar de lo que se suele creer, en la Edad Media sí que existen los hospitales. Al principio son escasísimos, pero con el paso del tiempo, poco a poco, van volviéndose cada vez más y más comunes. SIN EMBAAARGO, también es cierto que, muchas veces, la asistencia médica más inmediata no te la hacen los curas y las monjas en un hospital, sino los barberos...

Los barberos son los peluqueros del medievo. Son señores que, normalmente, trabajan cortándote el pelo o la barba... En mi época, además, ¡también trabajan como cirujanos y dentistas! Vamos, que

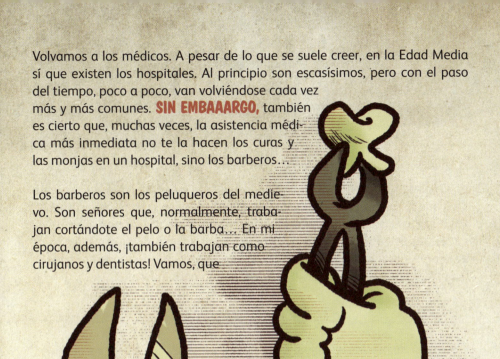

igual vas a que te hagan un *makeover* y vuelves a casa sin dientes.

¡Ojo, estos barberos son unos burros! ¡Te sacan los dientes sin anestesia! En la Edad Media, tenemos menos caries que en vuestra época (es lo que hay, nos lavamos la boca y tomamos menos azúcar, no seáis envidiosos), pero cuando pillamos alguna infección dental, el barbero, que a lo mejor acaba de afeitarle la barba al vecino y no se ha lavado las manos, nos tiene que arrancar las muelas a lo bruto, tirando de una cuerda que nos engancha a la boca. Una experiencia magnífica, 100 % recomendada si venís de visita.

53

DATO N.º 5:
LAS RELIQUIAS

En la Edad Media (y un par de siglos después, que me lo han chivado), la gente cree que los reyes, con solo tocarte el cuerpo, pueden curarte mágicamente. Los súbditos suelen acudir al monarca para que los sane cuando pillan la escrófula, es una enfermedad muy rara pero que se cura sola, así que cuando los enfermos mejoran, todos piensan que ha sido gracias a los poderes mágicos del rey, aunque el mamarracho no haya tenido nada que ver.

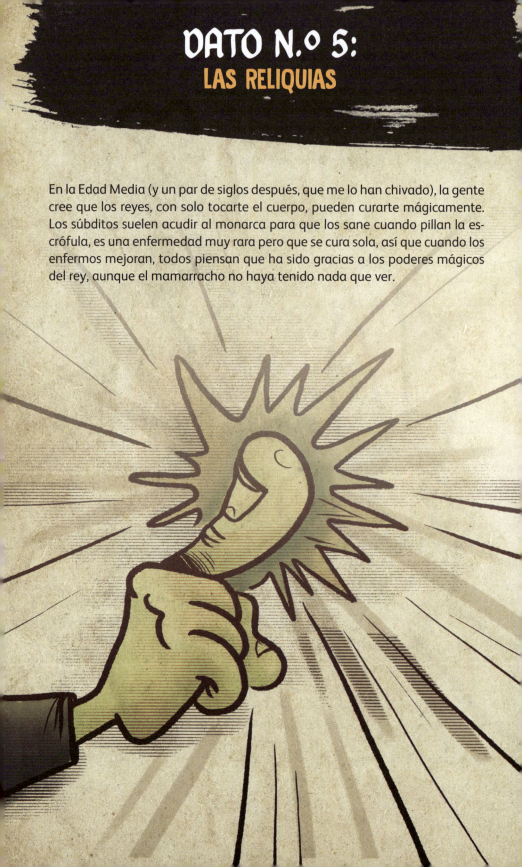

Algo parecido sucede con las reliquias de los santos. Por si acaso no sabéis qué son, las reliquias son restos u objetos personales de santos que se conservan en iglesias o lugares religiosos. Por ejemplo, un trozo del pijama de un santo, un mechón de su pelo o uno de sus huesos podrían ser reliquias.

La gente de mi época piensa que estos objetos tienen poderes curativos, así que peregrinan muchos kilómetros hasta los lugares en los que se conservan estas reliquias creyendo que así curarán sus enfermedades.

SPOILER: no. Las reliquias no curan. La gente no sana por tocar el hueso del dedo gordo de un pie, chicos. Lo siento.

AÚN ASÍ, la gente cree mucho en estos objetos y, como se supone que son restos de santos, valen muchísimo dinero. Así que, se ha empezado a poner muy de moda hacer falsificaciones y venderlas a precio de oro. Es un negocio redondo. Pensadlo: si te intentan vender un hueso, es imposible saber si perteneció a la maravillosa y encantadora Santa Eustaquia… o a mi primo José Luis. Por este motivo, no es poco frecuente que, en mi época, visites dos iglesias distintas y en las dos te encuentres exactamente los mismos huesos del mismo señor.

DATO EXTRA:
REMEDIOS CURIOSOS

Como os he contado hace un rato, en el medievo nadie está del todo seguro de qué hay que hacer para curar definitivamente una enfermedad, así que, dependiendo del libro de medicina medieval que consultes, encontrarás unos consejos u otros para la misma enfermedad. Por ejemplo, hay gente que recomienda utilizar como jarabe ingredientes tan asquerosillos como la saliva, el pis o la caca de una golondrina triturada… y otros sugieren usar plantas medicinales. En fin, que existen mil remedios divertidísimos para muchísimas afecciones y dolores distintos. Algunos funcionaban de casualidad… y otros muchos, no. Os he hecho una lista de los más divertidos que he encontrado, ¡a ver qué os parecen!

SI QUIERES CURAR...

EL DOLOR DE CABEZA: Úntate aceite o vinagre en la cabeza.

LAS ALMORRANAS: Ponte un ungüento de telarañas, pelos de liebre, resina y engrudos de peces.

LAS HERIDAS: Límpiate la herida y cósela. Después, échate unos polvos hechos con resina y plantas remojadas en vino.

LOS PIOJOS: Olfatea un poquito de lavanda o échate vinagre en el pelo.

LOS SANGRADOS DE NARIZ: Olfatea caca de burro. Si eso te da mucho asco, exprímela para hacer zumo y échate el liquidillo por la nariz.
(Os juro que esto no me lo he inventado).

LA TRISTEZA: Date un bañito

GRWM
PARA IR A UNA EJECUCIÓN

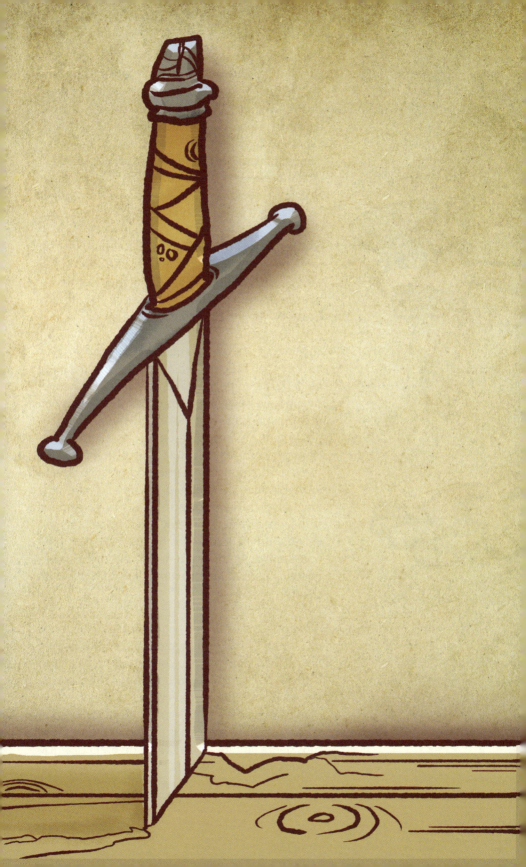

¡Hola, *medievers*! Hoy vamos a hacer un *«Get Ready With Me»* para ir al evento de la temporada… ¡una ejecución! ¡Es una celebración superexclusiva! Además, como buen influencer, yo voy a acudir como embajador de una marca: «El Corte Express», la mejor tienda especializada en ejecuciones públicas. De hecho, esto igual os interesa… ¡Ahora tienen una oferta buenísima! Si compras un hacha en cualquiera de sus tiendas, te regalan un prisionero para probarla en casa. ¡Un chollazo!

¡Venga, vamos a prepararnos! **COMENZAMOS LA RUTINA DE *SKINCARE* LIMPIÁNDONOS EL CUTIS CON AGUA DEL POZO.** Es esencial para darnos un buen *boost* de hidratación y conseguir un *look* más fresco. Mmm, olor a letrinas… ¡Me encanta!

Ya que estoy, aprovecho para desmontar otro mito histórico: ¡en la Edad Media nos duchamos! Bueno, no del todo. La ducha no se ha inventado, pero ¡el caso es que no somos unos guarros! Nosotros nos aseamos como buenamente podemos limpiándonos la cara, las manos, el sobaco y el culete con recipientes de agua… Incluso a veces también visitamos baños públicos. Esta leyenda urbana de que los habitantes del medievo somos unos cochinos empieza en el Renacimiento. Los listillos ilustrados se hacen los interesantes y, para aparentar que los habitantes de tiempos anteriores somos inferiores a ellos, empiezan a decir mentiruscas sobre nosotros para dejarnos en mal lugar. En fin, lo de siempre.

Además, ¡es que no solo nos limitamos a lavarnos con agua! En la Edad Media también nos limpiamos el pelo, por ejemplo. Usamos pasta de ceniza o polvo perfumado para ahuyentar a los piojos, nos cepillamos los dientes con ramillas y ponemos hinojo, lavanda u otras hierbas aromáticas en la cama para ahuyentar a las pulgas. Como veis, ¡somos gente limpia! ¡Ya está bien de prejuicios! ¡De guarros nada!

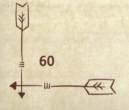

Después de limpiarnos bien, seleccionamos un *outfit* elegante, aunque tampoco tengo mucho donde elegir. O voy con mis ropas de brujo o voy con mi otra muda, así que, para variar un poco, que me han dibujado de moradito todo el libro, vamos a elegir la otra opción. Recién limpita también.

LA ROPA LA LAVAMOS CON AGUA Y, A VECES, CON UN POQUITO DE PIS…

Es para desinfectarla, ya sabéis… Ejem… NO ME JUZGUÉIS. SEGURO QUE VOSOTROS TAMBIÉN HACÉIS COSAS RARAS EN VUESTRA ÉPOCA Y YO NO OS MIRO RARO.

En fin, este es mi #look del día. Elegante y sencillito. Ya os contaré qué tal la ejecución… ¡No sé de qué será! ¡¡¡EL VERDUGO TIENE MUCHOS TIPOS DE MUERTES SANGRIENTAS DONDE ELEGIR!!!

Venga, ya que estoy voy a hablaros un poquito de ejecuciones públicas mientras espero a Dean, que todavía no ha terminado de prepararse. Sin embargo, para tratar este tema necesitamos a un preso profesional que tenga experiencia en este tema… ¡Así que os presento a Godfrey! ¡Saluda a mis lectores, Godfrey!

… ¿Godfrey?

… No contesta. Se habrá desmayado después de una jornada de latigazos en la plaza. Pero ¡es muy majo! Godfrey es un experto en ejecuciones. El tío las ha probado todas, así que nos acompañará en este capítulo.

Además del preso, ¡necesitamos al verdugo! El compañero de curro de Godfrey, vamos. Es el señor que se dedica a encender hogueras y cortar cabezas, brazos y dedos durante todo el día. Pero ojo, no os penséis que, por dedicarse a esto, el verdugo es mala persona. Pensad que es un trabajador como otro cualquiera. Alguna gente se dedica a cultivar lechugas y otra, a partir cráneos. ¡Cada uno tiene su labor!

POR CIERTO, una cosa que quizás no sepáis de los verdugos es que en realidad ¡NO SUELEN LLEVAR CAPUCHA! Esto es un mito… Los verdugos no tienen necesidad de ocultar su identidad, todos sabemos quiénes son. De hecho, lo más normal es que se pasen la profesión de padres a hijos. Vamos, que el verdugo es hijo del verdugo y nieto del verdugo… No tiene mucho sentido que se tape la cara porque conocemos a todo su árbol genealógico.

Por otro lado, cuando los verdugos no están ejecutando gente, también se dedican a cobrar impuestos a leprosos, como el bueno de Pepe. También torturan y castigan públicamente a los delincuentes (hablaremos de la tortura en un ratito, paciencia) y, además, también retiran los cuerpos de animalitos que se han muerto y se han quedado tirados por la calle. Con los restos de estos animales, los verdugos fabrican productos como la harina o el carbón de huesos, el pegamento o la gelatina… Hay que admitir que los muchachos son unos manitas.

Estos otros trabajillos son para sacarse un dinerillo extra. Los verdugos no son ricos ni mucho menos, así que necesitan otro trabajo para no morirse de hambre. Vamos, que está muy mal el sector, gente. No os hagáis verdugos.

De hecho, como la profesión está tan mal considerada y a veces NADIE quiere ser verdugo, hay que buscar alternativas... ingeniosas para encontrar a alguien dispuesto a ejecutar a los criminales.

Por ejemplo, he leído por ahí que en una ciudad inglesa llamada Halifax tienen un mecanismo de ejecución revolucionario: **¡LA GUILLOTINA!** Por si acaso no os suena, es un armazón de madera con una cuchilla en el centro. Si se activa la palanca, la cuchilla cae y el criminal pierde la cabeza..., literalmente. Dentro de 500 años, los franceses le dan el nombre de «guillotina» y se adjudican el mérito de inventarla, pero ni caso, ya veis que en Halifax la tienen desde mucho antes.

Además, estos señores ingleses la utilizan de forma muy divertida. Veréis, si detienen a un forajido que ha intentado robar un buey, unos burros o una vaca, se coge al criminal y se le mete en la guillotina, pero ¡después no se llama al verdugo para que le dé a la palanca! Eso sería ir a lo fácil. En vez de eso, se ata una cuerda al animal que haya intentado robar el ladrón y se le da un azote en el culo (al animal, no al ladrón). Entonces, este saldrá corriendo y activará la guillotina.

Así que ya sabéis, cuidado con intentar robar una vaca... que luego es ella la que os ejecuta a vosotros.

Pero bueno, dejémonos de verdugos y prisioneros… ¡Vamos a hablar de ejecuciones que para eso hemos venido! ¡Preparaos porque hay un montón!

LA DECAPITACIÓN

LA DECAPITACIÓN es una de las formas de ejecución más comunes, pero también es la muerte más esnob. La forma de morir más pija, vamos. ¿Por qué digo esto? Pues muy sencillo, porque normalmente se reserva para los criminales de clases más acomodadas, como nobles o caballeros. Vamos, que, si te tienen que ejecutar y eres una *celebrity*, lo más seguro es que te decapiten.

Esta tendencia de asociar la decapitación con la nobleza se debe sobre todo a que en mi época pensamos que es una forma de fallecer más... honorable. No me preguntéis por qué. Supongo que morir con la cabeza en su sitio es una deshonra y que hay que quitársela para irse al otro barrio con estilo.

Otro motivo por el que quizá solo se deja a los ricachones acceder a este tipo de ejecuciones es porque se piensa que la decapitación es la muerte más rápida e indolora que existe... pero, spoiler, esto no es del todo cierto. A veces los verdugos fallan el hachazo y tienen que darte un segundo golpe... o un tercero, jeje. Como te toque un verdugo bizco, lo vas a pasar mal.

LA HORCA

LA HORCA es el mecanismo de ejecución más habitual. Como acabo de contaros, los ricachones y los famosillos acceden a la decapitación, que es la ejecución *premium*… y el resto de los mortales van a la horca.

Morir en la horca en realidad es rapidito. Te echan una cuerda en el pescuezo, abren una compuerta

que tienes debajo de los pies y, al quedarte colgando, la cuerda parte el cuello: ¡ÑEEEC! Hala, muerto. Rápido y sencillito. Así que, no sé vosotros, pero yo lo tengo claro: si tengo que morir ejecutado… voy a por la horca 100 %.

Lo que pasa es que, después de morir, se deja a los ahorcados colgando mucho tiempo. Esto se hace porque, como las horcas se colocan en lugares altos y bien a la vista, los malhechores pueden ver desde cualquier lugar a la gente colgada y, con suerte, se les quitan las ganas de cometer delitos.

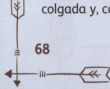

LA HOGUERA

LA HOGUERA se reserva para los criminales más macarras, los que hayan cometido los crímenes más tochos, como por ejemplo la herejía o la brujería... Tendré que tener cuidado, a ver si un día de estos acabo en la hoguera.

Como imaginaréis por su nombre, consiste en ejecutar al criminal metiéndolo en una hoguera. Menuda sorpresa, ¿eh? Os cuento cómo funciona: básicamente, te tienen que atar a un poste rodeado de una pequeña montaña de ramitas y troncos resecos. Esta se prende y, poco a poco, el fuego acaba alcanzándote... y adiós. Ha sido un placer conocerte.

Esta forma de morir es un pelín más lenta que las anteriores. Aunque es posible que te desmayes enseguida por inhalar el humo del fuego y no te enteres de nada, lo habitual es que tardes 10 o 20 minutos en convertirte en un ser humano a la parrilla. ¿A que no conocíais este dato? ¡Mola un montón! ¡Tardamos casi media hora en estar *al dente*! ¡Como los espaguetis!

Los verdugos utilizan la hoguera como método de ejecución porque piensan que así el fuego achicharra y «elimina» la gravedad de los crímenes, purifica el ambiente y lo deja todo limpito y en orden. Para que nos entendamos: si has sido un gamberro y te ejecutan en la hoguera, es como si hiciéramos un CTRL+Z de tus delitos. Te mueres, pero todas las burradas que has hecho quedan solucionadas. Otro motivo por el que se quema a la gente es para evitar que los fans locos de los herejes o brujos recuperen trocitos del cadáver como si fuesen reliquias. ¿Recuerdas que ya hablamos de las reliquias en el capítulo 3?

EL DESCUARTIZAMIENTO

El DESCUARTIZAMIENTO se utiliza para castigar a los que han cometido alta traición. En la Edad Media, el peor crimen que puedes cometer es la conspiración, rebelión o intento de asesinato contra el rey. En mi reino, la monarca es mi hija, así que… ¡Cuidadico con conspirar contra ella, que os meto!

Por eso, para castigar como es debido a los culpables de traición contra la corona, se les reservan siempre las ejecuciones más bestias. ¡A veces incluso se les aplican varias a la vez! No es broma, en serio. Por ejemplo, hay un señor escocés que se llama William Wallace (en vuestra época le han dedicado una peli llamada *Braveheart*, echadle un ojo) al que han ahorcado, destripado y descuartizado… ¡A LA VEZ! ¡El tío se ha llevado tres ejecuciones por el precio de una! Qué morro tienen algunos.

Volviendo al descuartizamiento, el proceso es muy sencillo… Tiene que ver con animalicos, así que con eso a mí ya me han ganado, ¡vivan los animalicos! Se atan los brazos y piernas del condenado a cuatro caballos y se los obliga a galopar en direcciones opuestas hasta que, de tanto tirar, arrancan de cuajo los miembros y el pobre señor se queda manco y paticorto…, y muerto también. Maravilloso.

LA RUEDA

La RUEDA se reserva como mecanismo de ejecución para los criminales que hayan cometido delitos como asesinato o traición, igual que sucede con el descuartizamiento. Aunque por su nombre os parezca que es una muerte discretita y tranquila, creedme que no es así para nada. Preparaos que vienen curvas… Nunca mejor dicho.

Para utilizar la rueda hay que seguir varios pasos, os hago un tutorial exprés: primero, se golpea al condenado varias veces en los brazos y las piernas hasta romperle un par de huesos (solo un par, no hay que pasarse que si no se nos muere antes de tiempo y queremos que el muchacho aguante para vivir toda la experiencia). Después, se le ata a una gran rueda de madera retorciéndole los miembros a lo largo de los ejes como si fueran chicles… Por último, se levanta la rueda y se deja ahí colgado al criminal hasta que le dé por morirse. Como imaginaréis, es un proceso muy doloroso y, encima, ¡puedes tirarte varios días ahí enganchado hasta que la palmas! Vamos, que duele un montón y encima es aburridísimo. ¿A que ahora morir en la horca os parece un planazo en comparación?

¡EJECUCIONES EXTRAS!

Hay muchísimas más formas de morir ejecutado, pero a este paso el libro se nos va a acabar en este capítulo y no es plan, ¡que todavía quedan muchas cosas por contar sobre la Edad Media!

Así que os dejo por aquí una recopilación de otro buen montoncito de ejecuciones de la Europa medieval, por si tenéis un finde libre y os apetece probar alguna.

DESTRIPE

HERVIRTE VIVO

PERO ¡OJO! Estas ejecuciones de las que acabo de hablaros son generales, el paquete básico. En realidad, ¡hay muchas más! De hecho, dependiendo del lugar en el que te trinquen por tus delitos, te pueden ejecutar de una manera o de otra.

En Francia, por ejemplo, pueden castigarte metiéndote en un saco con un gato o un perrete y arrojaros al río para que tú te ahogues y el animalillo, intentando escapar, se líe a meterte bocaos… Suena guay, ¿eh?

Pero ¡esto va mucho más allá! Dentro de UN MISMO PAÍS pueden ejecutarte de manera diferente dependiendo de si te detienen en un pueblo o en otro. Por ejemplo, Sandowne, Pevensey y Hastings son todos pueblecitos ingleses… Sin embargo, en el primero te entierran vivo, en el segundo te arrojan al río y en el último te empujan desde un acantilado. Así que, ya sabéis, antes de iros de vacaciones, revisad bien los ajusticiamientos de vuestro destino, que luego hay disgustos y no os devuelven el billete de carromato.

TORTURAS

No siempre se ejecuta desde el principio al prisionero... ¡antes hay que hacerle confesar! Para ello, los verdugos y los torturadores cuentan con un amplísimo catálogo de cachivaches para obligarte a admitir que eres culpable.

Dependiendo del manual de torturas que consultéis, os hablarán de unas torturas u otras… Sin embargo, según he podido leer, una de las más utilizadas a finales del medievo fue **EL POTRO**. ¡Un clásico! Es una tortura muy sencilla, pero a la vez muy efectiva. Básicamente, consiste en atar con cuerdas los brazos y piernas del sospechoso de cometer herejía o traición… y empezar a estirar hasta que confiese sus crímenes o señale a sus cómplices. Por lo general, al final de una de estas sesiones, el torturado acaba con una confesión, con las articulaciones dadas de sí… ¡y midiendo un par de centímetros extras! Muy recomendable si te apetece pegar el estirón.

Por otro lado, las distintas inquisiciones europeas, que operarán desde los últimos años del medievo hasta varios siglos después de que termine, usarán técnicas de tortura un poquito más salvajes como por ejemplo **LA GARRUCHA** o la toca (también llamada "Tortura del Agua"). La garrucha se basa en maniatar por la espalda al criminal y levantarlo por medio de unas cuerdas hasta dejarlo suspendido en el aire… para después soltarlo y dejarlo casi casi a ras de suelo. Así, del tirón, se disloca los brazos. Muy agradable todo. La tortura del agua, como su nombre indica, consiste en ponerte un paño en la boca y, después, irte echando agua sin parar hasta asfixiarte (o hacerte confesar). Qué majos los inquisidores, ¿eh? ¡Como se preocupan por que la gente no se deshidrate!

MÁS TORTURAS (PERO DE MENTIRUSQUI)

En los siglos posteriores al medievo, se pone muy de moda jugar a inventarse que la gente medieval utilizamos mecanismos de tortura supercomplejos y salvajes… Se llega a fabricar réplicas de estos supuestos mecanismos de tortura que se exponen en museos y exposiciones… PERO ¡SON TODOS FALSOS! ¡MENTIRUSCAS ENORMES! Y, ya que estoy por aquí, voy a desmentir unas cuantas. ¡Ya está bien de tanta *fake news* histórica!

Una de las torturas falsas más extendidas es **«LA PERA DE LA ANGUSTIA»**. Este nombre se utiliza para designar un aparato de metal con forma de pera que tiene unas piezas que se pueden desencajar y abrir un poco. Este mecanismo es muy sencillito y no es peligroso para nada, PEEERO en cuanto la gente del siglo XIX lo ve… se inventa que en la Edad Media lo utilizamos para torturar a la gente metiéndosela por el cu…

Pero como os digo, ¡esto es un mito histórico! ¡Estos aparatos nunca se utilizaron para torturar a nadie! Son muy endebles y tienen poca fuerza. Como mucho, los utilizamos para estirar prendas de ropa como guantes, zapatos o calcetines. Ya veis qué peligro tienen…

Otro de los grandes mitos de la tortura medieval es **«LA DAMA DE HIERRO».**

Este aparato es una especie de sarcófago egipcio, pero de metal. Para variar, pues todo cachivache de torturas está hecho de metal. Esta jaula tiene unas portezuelas que se abren para meter dentro a la víctima. En teoría, la tortura consiste en que las paredes interiores del sarcófago están llenas de pinchos afilados, así que te hacen una sesión de acupuntura intensiva en cuanto te encierran dentro y sales de ahí con *piercings* por todo el cuerpo.

Pero vamos, como imaginaréis, esta dama de hierro es otra mentira como una catedral. Al contrario que en el caso de la pera de la angustia, cuya mala fama nace a raíz del descubrimiento de un aparato que sí que existe en mi época aunque nunca se utiliza para torturar a nadie…, la dama de hierro es un invento totalmente falso y nunca ha existido.

El mito surge en el siglo XVIII, cuando un señor llamado Johann Philipp Siebenkees (que menudo nombrecito tenía el muchacho) se inventa un cuento sobre un señor al que torturan usando este aparato…

> «LAS PUERTAS DE LA DAMA DE HIERRO SE CERRARON LENTAMENTE, PROVOCANDO QUE CADA UNA DE LAS PÚAS PUNTIAGUDAS LE ATRAVESARAN EL CUERPO POR DIFERENTES ZONAS, PERO NO LO SUFICIENTE PARA MATARLO, SINO PARA MANTENERLO CON VIDA DURANTE DÍAS»

A pesar de que este relato sea eso, un relato, y no tenga nada de real, después de su publicación, prende la mecha. A partir de ese momento, museos de todo el mundo empiezan a fabricar sus propias réplicas de la dama de hierro y las exponen como si fuese la más popular de las torturas medievales. ¡Y ES MENTIRA! ¡TODO ESTO ES MENTIRA! ¡NO CREÁIS AL PHILIPP ESE! ¡FALSO, PHILIPP! ¡SINVERGÜENZA!

CASTIGOS MÁS CHIQUITOS

Pero bueno, ¡no todo va a ser morir ejecutado o por culpa de horribles torturas para que confieses tus crímenes! En la Edad Media, también imponemos castigos más… normalitos.

Si te pillan cometiendo un crimen menor, por ejemplo, robar, lo más habitual es que el castigo consista en mandarte a **LA PICOTA**. Es un poste de madera o de piedra donde te encadenarán con los brazos en un cepo durante horas. Es aburrido…, pero podría ser peor. Podría llover.

Otro castigo, un poquiiito más radical… es **CORTARTE UN TROCITO DEL CUERPO**. Esto suena horrible, pero en realidad tiene sentido: se hace no solo para castigar al criminal, sino también para señalarlo. Así, si estás paseando por la calle y te cruzas a un tipo sin oreja, ya sabes que ha pasado por prisión. ¡Es muy práctico!

Os pongo un par de ejemplos de este tipo de castigos:
Si te pillan cazando furtivamente a un ciervo, te arrancan un ojo.
Si llevas barba postiza, te cortan la mano.
Si robas, te cortan también la mano ¡o la oreja!
Si mientes en un juicio, te quitan unos cuantos dientes.
Si dices cosas feas de Dios, te cortan la lengua.

Otra opción de castigo son los **AZOTES.** Por supuesto, no podían faltar. ¡Son míticos! Los usan hasta los antiguos griegos, los romanos y los visigodos. ¡Los del medievo no íbamos a ser menos!

Los azotes se suelen arrear con una vara larga y se dan más o menos dependiendo de la gravedad de lo que hayas hecho. A mayor travesura, mayor carnicería que te hacen en la espalda, ¡tú decides! Este castigo se aplica por lo general a quienes blasfeman, roban o… son infieles a sus parejas. Por eso hay que ser fieles, amigos.

A veces, para hacer aún más humillante el asunto, antes de azotarte, ¡te afeitan la cabeza! El verdugo es un poco bruto y no te cortará el pelo con mucha dulzura…, PERO míralo por el lado positivo: ¡te llevas un cambio de *look* gratis!

RECETAS
DE COCINA

Pufff… No sé vosotros, pero después de pasarnos el día paseando por la plaza y viendo ejecuciones públicas… a mí se me abre el apetito. ¡Tengo un hambre tremenda! Así que voy a prepararos un par de recetas típicas medievales a ver qué os parece nuestra gastronomía. ¡Id sentándoos, enseguida os llevo los entrantes!

Antes de coger los cubiertos y lanzarnos a comer, tengo que daros un par de lecciones sobre gastronomía medieval. Veréis, quizás al leer mis recetas os sorprenda descubrir que faltan muchas frutas, verduras y alimentos que vosotros tomáis todos y que nosotros NO incluimos en nuestra dieta. Pues bien, el motivo de esto es muy sencillo: ¡todavía no conocemos ninguno de estos ingredientes!

Por ejemplo, **EL CAFÉ** que tomáis de desayuno, ¡en la Europa medieval es un completo desconocido! Esta bebida que tanto os gusta, no empezará a tomarse en Europa hasta el siglo XVII, cuando los comerciantes venecianos lo traigan desde África y Oriente Medio.

Tampoco tomamos **CHOCOLATE, TOMATES, PIMIENTOS, PATATAS, AGUACATE O MAÍZ…** Como imaginaréis, son alimentos originarios de América ¡y en la Edad Media, los europeos todavía no sabemos de la existencia de ese precioso continente! Bueno, yo sí lo conozco… Me he comido un spoiler histórico, ¡qué se le va a hacer!

Por el contrario, ¡también hay muchos alimentos que vosotros no utilizáis tanto y que en la Edad Media consumimos como locos! Por ejemplo, **LA CERVEZA**. En mi época la tomamos con mucha frecuencia… y, cuando hablo en plural incluyo a tooodos los pobretones medievales. A todos. Sí, también a los niños. Pero no os penséis que vamos borrachos por las ciudades. Nuestra cerveza tiene menos alcohol que la vuestra y la tomamos sobre todo porque es muy nutritiva y nos da mucha energía! También porque está buena, no nos vamos a engañar.

NO COMEMOS...

TOMATE

PATATAS

MAÍZ

¡Y no solo eso! También tomamos alimentos y vegetales que han caído en desuso en vuestra época. Como por ejemplo **LA RUDA, LA COLOCASIA O EL BLEDO.** Estos nombres no os sonarán apenas, pero, en esencia, son hierbas y plantas que utilizamos para condimentar y dar sabor a guisos y estofados.

Otro vegetal que nosotros consumimos y vosotros no es **¡LA ZANAHORIA!** Bueno, vale, sí… Aquí he hecho un poco de trampa. Ya sé que vosotros seguís comiendo zanahorias en el futuro, PEEERO no se parecen en nada a las nuestras: ¡las zanahorias de mi época son moradas! Sí, como lo oís. Tan moradas como mi traje de brujo.

¿Y cuándo dejarán de serlo? Pues más o menos en el siglo XVI, cuando a los granjeros holandeses les dé por empezar a cultivar específicamente las

zanahorias naranjas en homenaje a su bandera… Poco a poco, esta versión anaranjada de la hortaliza desplazará a la anterior y las zanahorias moradas acabarán casi desaparecidas. Pobrecitas, ¡con lo majas que son!

Otra diferencia con respecto a vuestra dieta es que nosotros comemos solo dos veces al día. La primera comida es más aparatosa y tiene más cantidad y la hacemos a mediodía… Después, no comemos hasta el anochecer. Vamos, que los habitantes del medievo no desayunamos, somos unos pringaos. A veces, tomamos pequeños aperitivos entre estas dos comidas para aguantar las jornadas intensivas de trabajo, pero ya está.

¿Y cómo conservamos la comida sin neveras ni congeladores? ¡Pues secándola! Y esto lo conseguimos poniéndola al sol o metiéndola en sal. Así, por ejemplo, el pescado o la carne aguantan intactos durante varias jornadas sin ponerse malos. Este truquillo lo usan sobre todo los granjeros de mi época cuando llega el invierno. Si en los meses de otoño se cargan a uno de los cerditos (lo siento mucho, cerdito) y conservan la carne seca, el alimento dura varios meses y así se ahorran tener que alimentar al gorrino durante el invierno, que en la Edad Media es helador y muy pero que muy duro.

En fin, ¡dejémonos de historias! ¡Espero que tengáis hambre! ¡Vamos a comer! ¡Preparaos que os he cocinado un menú de rechupete!

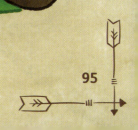

95

RECETA DE CAMPESINOS

LAS GACHAS

La base de nuestra alimentación son los cereales. Con trigo, centeno, avena o mijo podemos hacernos pan, papillas o… ¡gachas!

La receta más básica de este plato es coger harina y cocerla en un recipiente con agua hasta hacer una pasta grumosa y blanquecina. Para añadirle sabor, podemos echarle las verduras que tengamos a mano, desde cebollas y ajos hasta calabaza o frutas de temporada. En realidad, en las gachas vale un poco todo. Si añade algo de sabor, ¡a la cazuela! Como veis, es un plato sencillito, pero no tiene por qué estar malo si lo sazonamos bien.

He leído por ahí que hay quienes hacen una versión exprés de este plato si les toca comer a la intemperie y no pueden cocinar. En ese caso, la preparación es todavía más sencilla: mezclas en un recipiente un pedazo de pan o harina con cerveza… ¡y ya tienes tus gachas!

RECETA DE CAMPESINOS

EL PAN

El pan, como VEIS, es la base de nuestra alimentación. Sin pan no vamos a ningún lado, sobre todo los campesinos. A los nobles el pan se la viene soplando.

En el medievo, el pan no se cocina como en vuestra época. Por eso, si viajaseis en el tiempo y prob arais una hogaza de pan medieval, lo más seguro es que no os gustase tanto como el vuestro. El mío es un poco más soso, tiene otra textura, menos crujiente y es más denso porque la preparación, el amasado y el horneado son distintos, ¡qué le vamos a hacer! Además, a veces este pan tiene piedrecitas que se nos han colado entre la harina. No son pedruscos descomunales que te puedan partir un diente…, sino más bien arenilla un poco molesta que te deja un regusto extraño en la boca.

Además, dependiendo de la clase social a la que pertenezcas, accedes a un tipo de pan u otro. Cuanta más riqueza y estatus poseas, el pan al que podrás acceder será más blanquito; cuanto más pobre seas, más oscuro (y menos rico y depurado) será el pan. No sé a vosotros, pero a mí esto me parece injustísimo… ¡Tenemos que montar un sindicato!

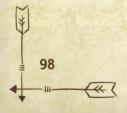

RECETA DE CAMPESINOS

EL POTAJE

A veces también compramos panecillos pequeños y redondos que sirven como base para nuestros potajes. Ya veis que amortizamos el cereal hasta la última miga, aquí no se tira nada.

Cada comensal coge un pedazo de este pan durillo y resistente y lo introduce en el fondo del plato. Después le echamos por encima algo de caldo y la mezcla se convierte en un potaje espeso y nutritivo. Este caldito varía dependiendo del mes y de la estación. Si estamos en otoño, será más oscuro y marroncito y estará hecho a base de guisantes y legumbres. Sin embargo, en estaciones más cálidas como la primavera, tendrá un color más claro y verdoso, pues se hará a base de vegetales variados y cebollas. Como veis, es un plato sencillito y reconfortante para comer con cuchara y disfrutar alrededor de una hoguerita.

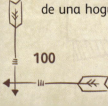

LA DIETA DE LOS RICOS

¡Ah! ¡Que no se me olvide! Todo este rato hemos estado hablando de la comida que consumimos los campesinos de la Edad Media, pero ¡los ricos también comen! ¡Y muy pero que muy bien! Su dieta es muy diferente a la del resto de los mortales. ¡Vamos a echarle un vistazo rápido a sus platos favoritos!

Los ricachones comen sobre todo el alimento al que menos acceso tiene el resto de la población: **LA CARNE.** Suele ser de liebres, ciervos, jabalíes u otro animal que haya cazado el noble de turno.

Lo habitual es que la coman dentro de pastelitos de harina, aunque el pastelito no se lo suelen comer. Lo dejan ahí abandonado en el plato porque, según ellos, es para pobres… Los nobles medievales son como ese amigo pijo que no se come los bordes de la pizza.

Para beber, además de cerveza, lo habitual es que los nobles medievales beban **VINO O HIDROMIEL.** Al contrario que en vuestra época, en el medievo el vino no se toma fresquito, ¡sino caliente! A veces infusionado con hierbas y diluido con agua. Vamos, que más que vino, tomamos una aguachirri caliente y de regusto raruno.

¡Otra cosa que solo pueden consumir los ricos son **LAS ESPECIAS**! Para vosotros la canela, la pimienta o la nuez moscada son ingredientes normalitos que tenéis en algún armario de la cocina, PERO ¡¡¡EN LA EDAD MEDIA SON UN LUJO CARÍSIMO!!! En realidad, tiene sentido porque, para llegar a los mercados, antes tienen que hacer un viaje tremendo desde Oriente y la travesía hace que su precio se multiplique. De hecho, me he enterado de que existe por ahí en vuestro tiempo una leyenda urbana que asegura que los campesinos medievales comemos carne podrida y que disimulamos su mal sabor embadurnándola de especias…, pero ¡esto es una mentira tremenda! ¡No hay por dónde cogerla! Si tuviéramos dinero suficiente para comprarnos especias…, ¿cómo íbamos a desperdiciarla echándosela por encima a una ración de carne pocha?

DATO CURIOSO

¡En la Edad Media no solemos utilizar tenedores! Está mal visto utilizarlos porque pensamos que, ya que tienes manos para agarrar la comida, usar un aparatito que cumpla esa misma función no tiene mucho sentido… Aparte, el tenedor se parece al tridente del diablo, así que cuanto más lejos, mejor. No vayamos a acabar en el infierno antes del postre.

Además, cuando celebran banquetes, los nobles y reyes se ponen derrochones y prueban y comen muchísimos platos. ¡Cuantos más mejor! Incluso aunque no puedan terminárselos todos. De hecho, prefieren que les sobren alimentos porque así parecen más ricos y poderosos. Cuanta más comida sobre, mejor quedas con tus invitados.

También miman mucho la presentación **Y EL ORDEN DE LOS PLATOS.** Un banquete medieval suele arrancar sirviendo la fruta, continúa por un potaje (caldos o estofados) y finaliza con las carnes asadas y pescados. ¡Al revés que en vuestra época, que tomáis la fruta al final! Je, je, je, qué raritos sois en el futuro.

¡Vamos a conocer un par de recetas de nobles! A ver qué os parecen sus gustos culinarios. ¡Después me contáis si preferiríais venir a cenar conmigo o con la reina!

RECETA DE NOBLES

MANZANAS DORADAS

A diferencia de la comida que consumen los campesinos, la gastronomía de la nobleza es menos ambigua. ¿Por qué digo esto? Pues muy sencillo: porque las clases altas de la sociedad medieval consumen platos complicadísimos y superexclusivos… Eso hace que haya un gran interés por conservar todas esas recetas en libros de cocina (cosa que no sucedió con la gastronomía de los campesinos). Algunos de estos libros, por cierto, ¡han sobrevivido hasta vuestra época! Buscad por ahí que seguro que dais con alguno.

Pues bien, una de estas recetas de platos elevados y caros es la de las «manzanas de oro». A pesar de su nombre, ni son manzanas ni llevan una gota de oro. En realidad, son albóndigas de cerdo cocidas y asadas con huevo y especias para que parezcan naranjas… o manzanas doradas. Para mí que los cocineros de la nobleza medieval estaban un poco ciegos porque, si no, esto no tiene ningún sentido.

RECETA DE NOBLES

LAS TARTALETAS

Los nobles toman estas tartaletas a menudo. Son, como imaginaréis, una superficie plana de masa estirada y cocinada… Normalmente se utiliza como base para espolvorear otros ingredientes por encima. Es, para que me entendáis, como una empanada, pero abierta, sin tapar lo de dentro.

En la Edad Media, la Iglesia estipula que algunos días de la semana hay que hacer **AYUNO** por motivos religiosos. Vamos, que no hay que comer nada o casi nada. Los nobles, sin embargo, en vez de dejar de comer, lo que hacen es evitar la carne, así que esos días utilizan estas tartaletas y les echan pescado por encima. Los días que no hay que ayunar, por otro lado, ¡todo vale! Así que, en vez de pescado, la condimentan con cualquier otra cosa: carne, queso, huevos, hígado… De todo.

De hecho, a veces usan estas tartaletas como base para platos todavía más grandes y lujosos, casi como si fueran un recipiente o un plato. Hay una receta por ahí que asegura que la clase alta medieval toma asados de garzas colocadas sobre una base de pasteles, carnes, huevos, flores decorativas… y, abajo del todo, soportando esta estructura de comida, ponen una tartaleta.

INGREDIENTES

Masa fina hecha de harina y huevo
Pimienta
Pescado (opcional)
Carnes (opcional)

TIEMPO DE COCINADO

Depende de lo que vayas a echarle por encima. Si va a ser queso o pescado, tardará menos. Si va a ser una fuente gigantesca llena de carne asada y pasteles, tardará más. Tú eliges.

¡MAKEOVER MEDIEVAL!

¡En la Edad Media también tenemos nuestros gustos por la moda y el estilo! Nos vestimos, nos maquillamos, nos aseamos, nos cortamos y nos teñimos el pelo… ¡De todo, vamos! Imagino que esto sí que lo sabríais, ¿no? Es evidente, aunque estemos en otra época, no dejamos de querer estar guapos y guapas. Lo que pasa es que los gustos estéticos de la Edad Media son muy distintos a los que tenéis en el futuro. En mi época, consideramos hermosos o bonitos rasgos y cualidades físicas que quizá a vosotros os resultan rarejas. Así que, con vuestro permiso o sin él, para que os hagáis una idea genérica de cómo vivimos la moda en la Edad Media, voy a contaros unos cuantos datos curiosos… ¡sobre estilo!

¡Vamos a ver un caso práctico! ¡Aplicaremos todo lo aprendido sobre moda y estilismo en nuestra modelo voluntaria: mi hija Yena! ¡Que terminará este capítulo con un cambio de *look* chulísimo!

EL PELO

Peinarlo

En las películas y series que veis en vuestra época y que supuestamente transcurren en la mía... suelen cometer un fallo básico tremendo. **¡RETRATARNOS CON EL PELO DESPEINADO!**

Ya os conté en un capítulo anterior que en el medievo nos lavamos el pelo, PERO no os dije cuántas veces a la semana. Veréis, aunque sí que solemos asearnos y limpiarnos para no oler mal, **EL PELO SOLO NOS LO LAVAMOS UNA O DOS VECES A LA SEMANA.** Por este motivo, nuestras cabezas generan una sustancia que se llama «sebo». Es una especie de lubricante natural del pelo. En vuestra época ya no tiene utilidad, pero a nosotros nos viene de maravilla. Por eso, cada mañana, nos cepillamos y nos peinamos el cabello a conciencia para esparcir el sebo por todo el melenón. Así lo limpiamos, hidratamos y le quitamos la grasa.

Si hubiera anuncios de la tele en la Edad Media, las supermodelos anunciarían sebo en lugar de champú.

Teñirlo

Además de peinarlo, por supuesto, nos lo cortamos y teñimos a la moda. Las mujeres, sobre todo, ¡se tiñen las melenas de rubio! El rubio está súúúper de moda en mi época. Es fácil comprobarlo si no me creéis, basta con mirar ilustraciones de libros antiguos y os daréis cuenta… ¡Las señoras siempre son rubias!

En la Edad Media, no podemos acercarnos a la farmacia a por tintes, así que **PARA TEÑIRNOS DE RUBIO** platino, tenemos que recurrir a distintos truquillos. Por ejemplo, ¡hay mujeres que utilizan agua de lejía! (No es tan fuerte como la que tenéis embotellada en casa, no os asustéis. En el medievo, la fabricamos usando agua, ceniza y paja).

Otra opción menos burra para teñir el cabello de rubio es usar **ALGAS.** Se calientan en un recipiente con agua, se cortan en cachitos finitos y, con eso, se hace un ungüento que aclara el pelo.

¡AUNQUE no todos ni todas se quieren teñir de amarillo pollito, así que también tenemos tintes para oscurecer el pelo!

PARA TEÑIR EL PELO DE NEGRO, hervimos en aceite el cuerpo de una lagartija sin cabeza ni cola, manzanas trituradas, vinagre y hierbas o raíces oscuras de la Galia.

Cortarlo

La Edad Media es muy larga y, dependiendo del siglo en el que estemos, las modas evolucionan mogollón. Por ejemplo, al inicio de esta era, en la época de los visigodos, estaba de moda que las mujeres lucieran las melenas sueltas y largas peinadas con la rayita en medio… Sin embargo, con el paso de los años, la cosa cambia. Empieza a estar de moda **RECORTARSE EL PELO A LA ALTURA DEL CUELLO** y rematarlo con unos bucles… ¡o recogerlo en trencitas! Estas trenzas se pueden enrollar alrededor de la cabeza o llevarlas sueltas.

Después, poco a poco, empiezan a ponerse muy de moda los sombreros que tapan todo el pelo. Esto es porque se dice que es vergonzoso y grosero llevarlo al aire… No sé por qué, a mí no me miréis, ¡por mí que cada una vaya como le dé la gana! Pero en mi época no todos piensan igual que yo, así que las mujeres empezarán a recogérselo y a taparlo del todo usando gorros, velos o flores…

Algunos de estos sombreros pueden ser el **BONETE** (un gorro duro y alto), la **COFIA** (una tela sencilla que recoge el pelo desde la nuca) o la **TOCA** (un tocado de tela, una especie de turbante que tapa hasta el cuello). PERO OJO, que aquí viene la trampa, a pesar de que las muchachas se esconden el pelo debajo de uno de estos gorros…, siempre dejan al aire la frente.

La frente despejada es símbolo de guapura, así que, en el medievo, a las chicas jamás se les ocurriría llevar flequillo. Cuanto mayor tengas la frente, mejor. De hecho, llega un momento en el que empieza a estilarse **AFEITARSE TODA LA SIEN** para que la frente sea lo más amplia posible. Vamos, que en la Edad Media si te quedabas calvo y tenías una frente enorme..., eras sexy.

PEINADOS Y LOOKS
¡PARA SEÑORES!

Esto no nos sirve para el cambio de look de mi hija Yena…, pero ya que estamos, ¡hagamos un repaso rápido también por los peinados medievales masculinos! ¡Que hay un montón! Por ejemplo, a principios de la Edad Media, la Iglesia católica condenó el uso de la barba y el bigote. Por eso, todos los reyes y nobles de los retratos van con la cara afeitadita y el pelo recortado a la altura de la nuca… Sin embargo, a lo largo del medievo, esto va cambiando, ¡y hay muchas modas y estilismos en cuanto a las pelambreras!

EL MAQUILLAJE

En mi época no está de moda el *contouring* ese ni los potingues de las *skin-care routines* que ahora os ponéis cada noche antes de ir a dormir… Lo que sí que existe es un interés tremendo por cuidarse el cutis.

Pensadlo, al inicio del libro, al hablaros sobre enfermedades, os mencioné que en mi época se tiene mucho miedo a las imperfecciones faciales porque enseguida se confunden con la lepra… ¡Así que hay mucho interés en cuidar y proteger la piel! No vaya a ser que un día, por no maquillarte bien, te confundan con una leprosa y te manden a hacerle compañía a Pepe en la leprosería.

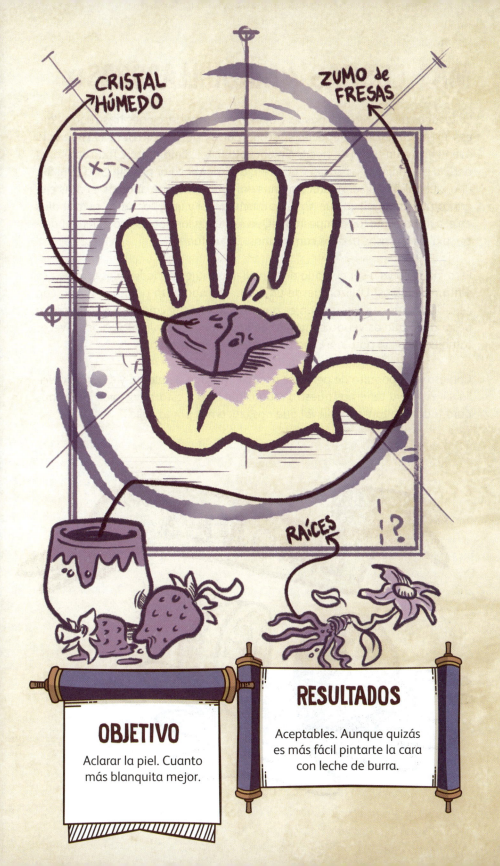

MÁS COSITAS «MAQUILLADORAS»

Lo ideal es resaltar la piel pálida y blanca, sin imperfecciones ni arrugas. Para eso existen multitud de recetas: desde polvos de cereal como el trigo o la avena hasta un zumo de fresas o piedras y cristales mojaditos. Todo esto sirve para lo mismo: purgar la piel y que tenga el menor color posible. Si lo pensáis, una piel pálida no solo parece menos enferma, sino que además es más elegante, porque significa que no te da mucho el sol y que, por tanto, no trabajas en el campo como los campesinos. ¡Qué estirados los nobles! No quieren parecerse a los leprosos ni a los campesinos… Qué fuerte.

Pero ¡no todo va a ser cuidado de la piel! ¡Las mujeres medievales también se pintan los labios! Utilizan desde un limón cortado o un potingue hecho con cera de abejas… hasta mejunjes que mezclan miel y calabaza. Y, además, a pesar de lo que os vengo contando de la palidez, estos «pintalabios» a veces también se usan para dar algo de colorete en las mejillas.

Con eso y un poquito de perfume hecho con óxido de plomo y alguna florecilla silvestre, ya tenemos nuestro maquillaje listo y estaremos bien buenorras para todo habitante medieval que nos crucemos por la calle.

LA ROPA

En la Edad Media… agarraos, que esto os va a sorprender… ¡Nos vestimos!

Sí, sí, ya sé que no os lo veíais venir. ¡Soy una caja de sorpresas! La ropa es muy importante en mi época. Las temperaturas pueden ser muy gélidas, sobre todo en invierno, así que conviene ir poniéndose capa sobre capa para protegernos del frío. No vaya a ser que por no abrigarnos lo suficiente se nos congele un dedo.

La forma de vestir tanto en hombres como mujeres de la Edad Media consiste en superponer telas. Para empezar, nos ponemos **JUBONES Y CALZAS**, que son como vuestra ropa interior. De hecho, es de muy mala educación que se te vea con estas prendas en público: ¡para nosotros, es prácticamente igual que ir desnudo! ¡Así que vuelve a entrar en casa y ponte algo encima, marrano!

Después, dependiendo de la clase social a la que pertenezcas, puedes ir añadiendo capas y más capas de distintos colores y materiales, desde lino o lana al terciopelo. **LOS POBRETONES USAMOS KIRTLES,** unas túnicas sencillitas… **Y LOS RICOS SE PONEN DE TODO: SAYOS, MANTOS, CAPAS, BRIALES…** Dan un poco de envidia estos nobles. Cuando yo voy a comprar ropa, la sección de «campesinos» de la tienda es más bien escasa.

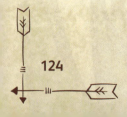

EL CALZADO

¡Por supuesto, este capítulo no podía terminarse sin echarle un vistazo al calzado! Los pies son los grandes olvidados del mundo de la moda, pobretes. Como están abajo del todo, nadie se acuerda de ellos. Pero ¡son importantísimos! ¡Hay que protegerlos bien!

Como es evidente, no tenemos calzados modernos como vuestros zapatos de tacón, las deportivas o los mocasines…, pero oye, nos apañamos. De hecho, ¿a que no sabíais que durante la Edad Media, en el siglo X, empieza a utilizarse la palabra «çapato» de la que luego deriva la grafía moderna «zapato»? Pues sí, otra cosa que tenéis que agradecernos a los habitantes del medievo: ¡de nada, majos!

Tenemos distintos tipos de calzado: pedules, zabatas (que son los que uso yo, je, je, je), zapatos franceses… ¡e incluso sandalias! Todos suelen hacerse con cuero, tela o lana y los colores suelen ser oscuros o marrones. Somos un poco básicos en eso, no podíamos ser iconos de la moda en todo, hijos.

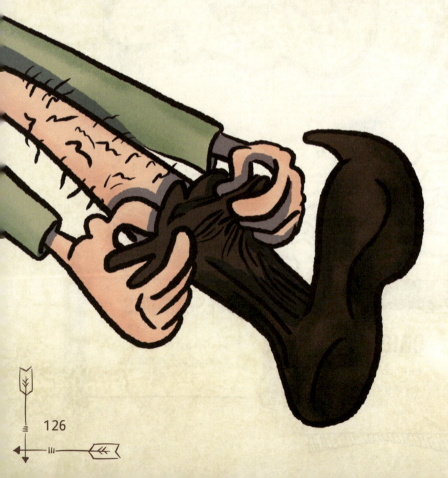

MÁS COSITAS DE ZAPATOS

Uno de los zapatos más populares son las cracovianas o «poulaines». ¡Es una prenda muy divertida porque termina en punta! Este calzado se asocia con la nobleza, así que, básicamente, si ves a un señor medieval con zapatos puntiagudos, seguro que es noble. Lo divertido es que los nobles se han obsesionado tanto con la longitud de las puntas que, para demostrar mayor y mayor riqueza, han llegado a calzarse cracovianas… ¡con puntas de hasta 50 cm de longitud! Hay gente que incluso tiene que atarse un cordel a la punta y atársela a la rodilla para no tropezarse con sus propios pies. Estos nobles están majaretas.

Se dice que las cracovianas dejan de estar de moda en el siglo XIV, cuando el rey Carlos V se harte de que la gente no pueda inclinarse ante él si las lleva puestas. Una pena, ¡con lo divertido que es dar patadas en el culo con estos zapatos!

RESULTADO FINAL

Bueno, ahora que hemos repasado todos los elementos básicos del estilo medieval (o casi todos, que si nos pusiésemos a desgranar todo el catálogo de modelitos medievales igual necesitábamos otro libro entero), creo que ya va siendo hora de ver cómo le queda todo esto a mi hija Yena… ¡Veamos el resultado de su cambio de look! ¿Estáis nerviosos? ¡¡¡YO SÍ!!! ¡¡¡AAAH!!! ¡QUÉ EMOCIÓN!

¡Espero que esté contenta con el resultado! Si no le mola, cubridme mientras huyo del país.

¡REDOBLE DE TAMBOR, POR FAVOR!

¡NO, NO! ¡¡SE CIERRA EL PORTAL!!

¡NOOOO!

DESPEDIDA

¡Y hasta aquí llega nuestra aventura! Ha sido todo un lujo poder enseñaros tantas cosas sobre mi época... ¡Espero que os hayáis divertido conmigo y que hayáis aprendido un par de cosillas nuevas! Por ejemplo, la diferencia entre la lepra y la peste negra... O que los médicos de mi época no usan caretas de pájaro... ¡O que no podemos comer patatas ni tomates porque los europeos aún no han pisado América ni han probado sus maravillosas frutas y verduras!

No obstante, aún quedan muchas cosas por descubrir sobre la Edad Media... ¡Tengo mil historias que contaros! ¡No hemos hablado de los caballeros medievales! ¡Ni de las cruzadas! ¡Ni de los juglares! Hay muchíííísimas cosas más que se nos han quedado en el tintero y que darían, por lo menos, ¡para un par de libros más! (Guiño, guiño, editorial, a ver si os enrolláis, jeje).

Pero bueno, por lo pronto, si os habéis quedado con ganas de más y no queréis perderos mis próximas aventuras, ¡buscadme en redes sociales! ¡Os espero con los brazos abiertos! ¡Aún queda mucha magia, historia y diversión por descubrir... EN MEDIO DEL MEDIEVO!

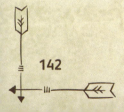

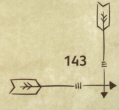

AGRADECIMIENTOS

Esta parte del libro me da mucho apuro. Me siento como si me hubieran dado un Oscar y estuviese subido al escenario… ¡Espero no olvidarme de agradecer a nadie importante, maldita sea!

«En Medio del Medievo» es un proyecto muy difícil de sacar adelante. Requiere de muchas horas de trabajo tedioso en absoluta soledad… y ha supuesto un gran esfuerzo convertirlo en realidad. Por eso, muy probablemente nunca habría existido de no ser por el apoyo y cariño de muchísima gente que se prestó a escucharme y a darme ánimos cuando solo era eso, una idea.

Muchísimos amigos, dibujantes, actores de voz, creadores de contenido y animadores se han prestado a visionar, colaborar, apoyar y contribuir a este proyecto de forma desinteresada. Me han aupado y han hecho que, si mis esperanzas se venían abajo (cosa frecuente, porque soy un neurótico empedernido), las suyas me sostenían y me impulsaban para continuar… No puedo hacer otra cosa que agradecérselo. A todos. Gracias.

«En Medio del Medievo» estaría mudo sin el talento de Noelia de Luis, Teresa Otero, André Pinto, Jesús Valle, Héctor García, Iván Rodríguez, Marcos López, Luisma Muñoz, Diego Gazo, David Pámpano, Diego Fortea, Noelia Guijarro, Nacho Ruiz, Vivian Jimeno… y tantísimos más. Gracias a todos.

En el proceso de documentación de este libro me ha echado una mano mi amigo Jesús de la Salud, un historiador magnífico que ha tenido a bien auxiliarme cada vez que he ido a llorarle desesperado porque no encontraba artículos históricos sobre temas específicos. Gracias eternas, Jesús. Y gracias también a Verónica Alcalde por el importantísimo cable que me ha echado con los colores planos de las ilustraciones de algunos capítulos, cuando la fecha de entrega hormigueaba peligrosamente en el horizonte. Eres lo más, Vero.

Quiero hacer también una mención especial a mis dos editoras: Sara Cano e Irene Garay. Gracias a Sara por creer en este proyecto desde el principio y surfear un maremoto de obstáculos para que saliera adelante y gracias a Irene por heredar la gestión de este proyecto y llevarla con tanto cariño, agilidad y rapidez. Sois lo más. Por su parte, Gemma Terol ha sido la encargada de la maquetación de este libro y no está de más agradecérselo también. Mil gracias, Gemma, menudo currazo te has marcado.

Gracias también a Javier Ruescas, mi consejero, confesor y palafrén en la sombra... y, básicamente, el motivo por el que este libro existe. Muchísimas gracias por tu generosidad y tu apoyo, de corazón.

Mil gracias a mi pareja, Noelia, por sus consejos y su apoyo... y porque ha tenido una paciencia tremenda conmigo en los meses en los que me he convertido en un ermitaño para llegar a tiempo a la entrega. Te quiero un montón.

Gracias también al resto de mi familia, a mi madre y mi hermana y a mis dos perritos, Pumba y Shelby, por su sempiterno apoyo y cariño. Shelby ya no está conmigo, pero sigo notándola muy cerca del corazoncito.

¡Y solo me queda agradecer también a quienquiera que haya comprado y leído un ejemplar del libro! Gracias por acompañar al bueno de Fimbar Gunnerson en sus desventuras. ¡Espero que lo hayáis disfrutado, que hayáis aprendido y que os hayáis reído un montón! ¡Viva la lectura!

Un abrazo medieval a todos.

Pablo (también conocido como «La Mano Creadora»)

EL AUTOR

PABLO DÍEZ es actor de doblaje, locutor y guionista.

Estudió Cine y Comunicación Audiovisual y trabaja en la radio, donde entre otras muchas cosas, ha escrito y dirigido un sinfín de ficciones sonoras de todos los géneros imaginables, desde el terror al musical.

Desde niño le apasionaban la historia, la fantasía medieval… y los cómics de Astérix, Tintín o Mortadelo y Filemón… Precisamente, de la unión de esos dos universos, el humor gráfico y la historia antigua, surge «En Medio del Medievo», una webserie de animación descacharrante sobre un viejo hechicero que también es influencer.

Ese proyecto de dibujos animados, que acumula miles de seguidores en redes sociales, es el germen de este libro. Al igual que su personaje protagonista en la ficción, el libro traza una línea entre el mundo de las redes sociales y la Edad Media… ¡y demuestra lo divertida que puede ser la historia!

¡El medievo continúa… en internet!

ÍNDICE

INTRODUCCIÓN — 01

LA 'DAILY ROUTINE' DE UN LEPROSO
Pepe y la lepra en la Edad Media — 16
Otras enfermedades medievales — 26

TOP 10 TRUQUITOS MEDICINALES — 39

GRWM PARA IR A UNA EJECUCIÓN
Ejecuciones — 59
Torturas — 81

RECETAS DE COCINA
Cocina de pobres — 88
Cocina de ricos — 102

MAKEOVER MEDIEVAL
Consejos de estilo medievales — 110
Una visita inesperada — 134

DESPEDIDA — 140